AF554143

ORAISON FUNÈBRE

DE

LOUIS XVI.

L'Auteur de cet Ouvrage nous en ayant transmis la Propriété, nous prévenons que toute Édition qui ne sera pas revêtue de notre signature sera réputée contrefaite, et que conformément aux lois toutes poursuites judiciaires seront intentées contre les contrefacteurs et débitans de contrefaçons.

ORAISON FUNÈBRE

DE

LOUIS XVI,

PRONONCÉE dans l'Église Royale de Saint-Denis, le 21 janvier 1814, jour de l'anniversaire de la mort du ROI, et du transport solennel de ses cendres, ainsi que de celles de la REINE;

En présence de Leurs Altesses Royales MONSIEUR, Frère du ROI, Monseigneur le Duc d'ANGOULÊME, Monseigneur le Duc DE BERRY, de tous les Princes et Princesses du Sang royal.

PAR M. ÉTIENNE-ANTOINE DE BOULOGNE,

ÉVÊQUE DE TROYES.

A PARIS,

Chez Adrien LE CLERE, Imprimeur de N. S. P. le Pape et de l'Archevêché, quai des Augustins, n°. 35.

1817.

AVERTISSEMENT.

Le Roi ayant daigné nous désigner lui-même pour prêcher cette Oraison funèbre, la nouvelle d'un choix aussi flatteur ne nous fut transmise à Troyes que le 11 janvier, par une lettre ministérielle : de sorte que nous n'eûmes guère que huit jours pour la composer, l'apprendre et nous rendre à Paris. Nous hésitâmes d'abord de nous charger d'un travail si pénible et si précipité; mais le désir de répondre à une mission si honorable, et le vif intérêt que nous inspiroit un aussi grand sujet, fixèrent notre irrésolution. Le court espace qui nous étoit laissé fut d'autant plus fâcheux, qu'ayant eu l'honneur de lire notre Oraison funèbre à SA MAJESTÉ, qui ne devoit pas assister à la cérémonie, nous ne pûmes lui présenter qu'un ouvrage plutôt ébauché que fini; et c'est ainsi que nous la prononçâmes. Nous nous proposions de la reprendre sous œuvre, pour la livrer de suite à l'impression, lorsque survint presque aussitôt le déplorable événement qui replongea la France dans de nouveaux malheurs, et nous força à la retraite. Nous étant occupés depuis d'y mettre la dernière main, pour la rendre plus digne de son objet et de l'indulgence du public, nous avons cru devoir la faire paroître à l'approche du troisième anniversaire, époque où vont se réveiller dans tous les cœurs françois les sentimens d'expiation et de douleur, et au moment de la translation solennelle des derniers restes de nos Rois, échappés à l'impiété révolutionnaire, et des dépouilles mortelles des deux royales Princesses, ADÉLAÏDE et VICTOIRE DE FRANCE, dignes filles de saint Louis. Nous croyons en cela remplir un vrai devoir, en même temps que c'est pour nous une douce satisfaction. Nous aimons à penser qu'ayant commencé notre carrière oratoire par l'Éloge de LOUIS Dauphin, père du Roi-Martyr (1), nous

(1) Éloge de Louis Dauphin, père du Roi; discours qui a remporté, en 1778, le prix proposé par une Société, amie de la Religion et des Lettres. A Paris, chez Adrien LE CLERE.

la terminons par l'Éloge du Roi-Martyr lui-même. Hélas ! il y a près de quarante ans entre les deux discours, et dans cet intervalle nous avons parcouru des siècles !

ORAISON FUNÈBRE

DE

LOUIS XVI.

Et dixit David ad Abisaï : Ne interficias eum ; quis enim extendet manum suam in Christum Domini, et innocens erit ?

Et David dit à Abisaï : Gardez-vous d'attenter à sa vie ; car quel est celui qui portera sa main sur l'Oint du Seigneur, et sera innocent d'un tel crime ? *I. Rois, XXVI, 9.*

MONSEIGNEUR (1),

C'est ainsi que David exprimoit sa profonde horreur contre celui qui lui donnoit le barbare conseil d'immoler Saül à sa vengeance. Saül venoit de

(1) S. A. R. MONSIEUR, frère du ROI.

tomber entre ses mains, bien moins encore par le sort des combats que par un juste châtiment du ciel. C'étoit un prince que poursuivoit la main de Dieu, et qui, non moins obsédé par le trouble de son esprit que par celui de sa conscience, ne pouvoit être que le fléau de ses sujets. C'étoit l'implacable ennemi de David, et sa mort lui ouvroit le chemin du trône; et cependant il est saisi d'effroi à la seule idée du meurtre de ce mauvais prince, parce qu'il est l'oint du Seigneur, et que l'indignité de l'homme ne sauroit effacer en lui la consécration et la majesté du monarque; et quand le coup fatal sera porté, on l'entendra faire des vœux pour que la rosée et la pluie ne tombent plus sur la montagne malheureuse où s'est commis cet attentat. Mais si telle étoit la haute idée qu'il avoit de l'auguste dépositaire du suprême pouvoir dans celui même qui en abuse et le laisse avilir dans ses mains, qu'auroit-il dit, et de quel surcroît de surprise et d'indignation n'auroit-il pas été pénétré, si Saül, comme le Prince infortuné, objet éternel de nos larmes et de nos regrets, eût été le modèle de toutes les vertus royales, et un de ceux qui ont le plus honoré et le trône et l'humanité? Et de quelle malédiction n'auroit-il pas frappé les sacriléges qui ont porté leurs mains sur l'héritier de tant de rois, plus grands encore et plus illustres que ne furent autrefois ceux d'Israël et de Juda, et qui, dans sa personne auguste, ont violé tout à la fois, la triple majesté du diadême, du malheur et de la vertu?

Mais, que vois-je? et quel est donc ce nouveau monument qui fixe ici tous les regards et plus encore tous les cœurs? Il est donc vrai, et nos yeux ne nous trompent point; il est donc vrai que nous les possédons ces restes, j'ai presque dit ces reliques précieuses que nous croyions anéanties, de deux époux si dignes l'un de l'autre, plus rapprochés encore par leur tendresse mutuelle que par leur destinée commune, et d'autant plus chers à nos longs souvenirs, qu'ils ont traversé, avec une égale constance, la même mer de tribulations et d'infortunes? Comment ces dépouilles sacrées ont-elles échappé à ces mains doublement sacriléges qui violoient à la fois et les autels et les tombeaux? Comment les parricides intéressés à les ravir à nos respects, n'ont-ils donc pas cherché à faire disparoître jusqu'aux derniers vestiges de ces cendres redoutables? N'en doutons pas, Messieurs, c'est le miracle de la Providence. C'est le même miracle qui a sauvé ce Testament, le plus beau titre de la gloire de Louis; qui a sauvé les dépouilles mortelles des auteurs vertueux de ses jours; qui a sauvé cette antique et vénérable basilique, le berceau de nos rois et leur dernier asile; c'est enfin le même miracle qui a sauvé la monarchie, qui nous a tous sauvés, et qui nous sauvera encore, s'il le faut, par de nouveaux miracles. Bénie soit mille fois la pieuse et courageuse main qui les a recueillies! Quel héritage pour sa famille auguste! quel trésor pour la nation ! et quel objet plus propre à réveiller en nous ces sentimens de repentir, de tristesse et d'expiation qui conviennent si bien à ce funèbre et déplorable anniversaire, et au sacrifice divin que nous allons offrir pour la plus grande et la plus auguste victime qui jamais ait été immolée à la fureur des factions et à l'impiété en délire ?

Qu'attendez-vous de moi, Messieurs, dans cette grande et mémorable circonstance? Exigerez-vous que *ma langue*, ainsi que celle du Prophète, *aille aussi vîte que la plume d'un écrivain habile* (1)? Penserez-vous que notre obéis-

---

(1) Ps. XLIV, 2.

sance à l'ordre glorieux que nous avons reçu, doive nous tenir lieu de facilité et de talens; et que nous puissions suppléer par le dévouement, et au temps qui nous manque et aux forces que nous n'avons plus? Le plus grand de nos orateurs cherchoit, dans un sujet à peu près semblable, des lamentations qui égalassent les calamités; et moi, je ne trouve dans le mien que des calamités qui surpassent toutes les lamentations. Que ferai-je donc ici? M'occuperai-je davantage ou de ses malheurs ou de ses vertus, ou de sa vie ou de sa mort? Si jamais discours a semblé défier tous les efforts de l'éloquence et du langage, n'est-ce donc pas celui-ci? et où prendrai-je des couleurs assez vives et des traits assez forts pour vous montrer, dans une même perspective, et le spectacle d'une grande nation s'agitant dans les convulsions de son agonie; et ce violent combat de tant de partis nés les uns des autres, et tour à tour abattus les uns par les autres; et ces terribles ouragans des passions humaines, soulevées à une si vaste profondeur, non moins inexplicables et plus à craindre encore que ces tourmentes qui agitent les flots de l'Océan; et cette grande catastrophe, préparée par des forfaits sans nom et suivie de malheurs sans exemple : et ce Monarque infortuné, toujours calme au milieu de tous ces élémens de trouble et de discorde, toujours juste au milieu de tant de crimes et d'injustices, toujours se soutenant par ses seules vertus au milieu de tant de ruines, et mettant le comble à sa gloire, en triomphant de la mort, s'il ne peut triompher de ses ennemis : et pour que rien ne manque à un pareil tableau, le trône antique de la France, qui, arraché de ses fondemens, et s'écroulant avec fracas, ébranle tous les autres; et annonce par le bruit de sa chute, à l'univers épouvanté, qu'un des plus florissans empires de la terre, vient de mourir avec son Roi. Fut-il jamais un plus vaste sujet, plus digne de la majesté de l'histoire, plus fait pour être offert à la méditation du sage et au génie de l'orateur : et ne semble-t-il pas que pour vous raconter des événemens si étranges, il nous faille créer des expressions nouvelles? Mais l'indulgence de ces grands Princes qui président à ce concours illustre, nous rassure; mais la grandeur même de mon sujet soutiendra ma foiblesse; et la vue de ce tombeau parlera puissamment à vos cœurs, comme vos cœurs vous parleront encore bien plus éloquemment que nos foibles discours. C'est dans ce jour funèbre de larmes et de deuil, dans cette grande solennité de la douleur publique, que l'éloquence doit se taire pour faire place au sentiment; et gardons-nous d'en affoiblir l'élan par des mouvemens étudiés. C'est au cœur seul qu'il appartient de faire dignement l'éloge de mon Roi, et celui qui le pleurera davantage, l'aura le mieux loué.

C'est donc pour le pleurer, Messieurs, ce Roi si digne de nos larmes, et nous pénétrer plus vivement de l'esprit de cette triste commémoration et de cette amende honorable nationale qui nous rassemble, que nous nous appliquerons à vous montrer que le meilleur des rois en a été le plus malheureux et le plus à plaindre; et que si jamais homme ne mérita moins la rigueur de son sort, jamais homme ne la supporta avec plus de constance et de grandeur d'ame : ce qui nous offre naturellement le plan de ce Discours, où nous montrerons que sa mort a été tout à la fois la plus injuste et la plus héroïque. C'est le tribut de douleur et d'admiration que nous allons offrir à la mémoire de très-haut, très-puissant, et très-excellent Prince, Louis XVIe. du nom, Roi de France et de Navarre; et de très-haute, très-puissante et très-excellente Princesse, MARIE-ANTOINETTE-JOSÈPHE-JEANNE DE LORRAINE, Archiduchesse d'Autriche, Reine de France et de Navarre.

PREMIÈRE PARTIE.

Vous me prévenez sans doute, Messieurs, et nul de vous n'a pensé qu'en nous proposant de montrer combien la mort de LOUIS est de toutes la plus injuste, nous ayons voulu le venger des imputations insensées des factieux, ni vous prouver l'iniquité de cet arrêt inoui qui a indigné l'univers, et qui est bien plus encore la sentence de ceux qui la prononcèrent que de celui qui la subit. Qui est-ce donc qui doute aujourd'hui de son innocence, et qui en a jamais douté? Quelle est donc la voix qui l'accuse? et quelle est la contrée, quelque lointaine qu'elle soit, où son nom ne soit parvenu, non-seulement sans tache, mais encore couvert de respect et de gloire? Ses vertus et ses bienfaits sont les seuls témoins que nous puissions ici appeler, et les seuls défenseurs que nous puissions entendre. Ses vertus dont nous avons abusé, et ses bienfaits que nous avons méconnus : ses vertus qui le rendoient si digne de notre amour, et ses bienfaits qui le rendoient si digne de notre reconnoissance; voilà, Messieurs, la seule justification qui nous est permise, la seule qui soit digne de lui, la seule qui réponde à la majesté de sa cause et à la sainteté de sa mémoire.

En parcourant les pages de l'histoire, on a de la peine à comprendre comment on y voit si souvent les plus vicieux des princes jouir tranquillement des succès de leur ambition et de leur tyrannie, tandis que tant de rois, doués des plus heureuses qualités, ont été les victimes des plus noirs attentats; et puisqu'il faut le dire, au risque même de rappeler notre humiliation, nos annales domestiques ne nous offrent que trop de preuves de cette triste vérité. Entreroit-il dans les desseins de la Providence de punir quelquefois les crimes des peuples par les vertus des rois? ou voudroit-elle apprendre aux rois que tel est le danger de leur condition, qu'ils ont à redouter jusqu'à leurs vertus mêmes? Quoi qu'il en soit de ce secret de la sagesse divine, le Monarque que nous pleurons est un exemple des plus mémorables, que les meilleurs princes ne sont pas à l'abri des plus funestes révolutions. Quel Roi fournit jamais moins de prétextes de s'armer contre lui? Quel fut plus éloigné, par la trempe heureuse de son ame et de son caractère, de compromettre le repos de ses peuples et d'ébranler leur fidélité? Et quel réunit jamais plus de titres pour régner sur nos cœurs? Cependant n'est-ce pas de ces titres mêmes qu'une nation, dans son délire, a si cruellement abusé;

et qui jamais eut plus de droit que lui de nous dire, comme le père de famille dont parle l'Evangile : *Faut-il donc que votre œil soit mauvais, parce que je suis bon* (1)? Infortuné ! qui devoit pardonner tous les crimes, et auquel on ne devoit pas même pardonner ses vertus.

Et d'abord je le vois élevé à l'école de la vertu même, à celle de Louis Dauphin, de ce Prince à jamais regrettable, dont la mort prématurée fut le sinistre avant-coureur de nos désastres, et le premier signal des vengeances divines. C'est ce père, si digne de ce nom, qui lui transmit, avec le jour, la beauté de son ame, la droiture de son cœur, son amour pour la religion, son goût pour l'étude et pour le travail, la seule passion qu'il aura dans sa vie. Serons-nous surpris, qu'élevé par de telles mains, rien ne lui

---

(1) S. Matth. xx, 15.

plaise que ce qui est simple, rien ne l'intéresse que ce qui est solide, rien ne l'attache que ce qui est honnête. Aurons-nous de la peine à comprendre que les premières leçons d'un tel maître, soutenues par de tels exemples, aient préparé dans ce royal enfant, cette jeunesse sans orage, comme sans erreur, où l'on ne trouve aucun écart qui puisse offenser la sagesse, aucun plaisir que ne puisse avouer la vertu, ni aucune foiblesse dont il ait à rougir. Ne nous sera-t-il pas facile de sentir comment, à l'annonce subite qu'il est roi, une sainte frayeur s'empare de son ame; et que, craignant également et sa jeunesse et sa puissance, mille fois plus frappé des écueils que de l'éclat qui l'environne, il s'écrie, dans un sentiment douloureux de son insuffisance : *Je suis Roi, et je n'ai que vingt ans!* Hélas! pressentoit-il déjà cette carrière de souffrances et de calamités à laquelle il étoit destiné, et lisoit-il dans l'avenir ce *malheur de régner* (1), terrible et dernière leçon qu'en mourant il devoit léguer à son fils? Il n'avoit donc que vingt ans; mais il avoit des mœurs pures et une probité sévère, un amour ardent pour la vérité, une aversion insurmontable pour les flatteurs, et une passion pour le bien, si vive et si sincère, que, pour s'y livrer sans réserve, il ne lui falloit que des hommes dignes de le lui montrer; et que faut-il donc de plus pour être roi? Combien est donc digne du trône celui qui craint tant d'y monter? Combien peu abusera de son pouvoir celui qui en redoute tant l'exercice, et qui, trouvant ses forces si au-dessous de ses devoirs, supplée par ce seul sentiment à tout ce qui lui manque, triomphe ainsi de sa jeunesse même, et a déjà deviné, en quelque sorte, tout le secret de la royauté? Ah! si la Provi-

(1) Testament de Louis XVI.

dence avoit alors tiré de ses trésors un de ces hommes d'État qu'elle semble tenir en réserve, et que, de loin en loin elle montre à la terre pour régénérer les nations vieillissantes, et soutenir les empires sur le penchant de leur ruine; un de ces génies capables de donner l'impulsion à une ame aussi belle, et d'encourager ses efforts; un de ces ministres habiles, qui eût sondé d'une main ferme les plaies profondes de l'État, et dompté, par son ascendant, cette force ennemie qui minoit sourdement les anciennes bornes, quel changement cet homme n'eût-il pas mis peut-être dans nos destinées? Mais ce bonheur ne fut pas donné à Louis; et il se vit seul, assis sur le volcan, seul avec ses vertus et les sentimens généreux de son ame, foibles et impuissantes digues pour lutter contre le torrent qui les renversoit toutes. Heureux encore si, trompé par l'opinion publique, qu'il aimoit trop à consulter

consulter, il n'eût admis sur les marches du trône, des novateurs, aussi faux amis que faux sages, qui, loin de diriger ses pas, les égarèrent; loin de seconder ses intentions, les trahirent; et, au lieu de l'aider à conduire au port le vaisseau de l'État, le lancèrent à travers les flots où il devoit s'engloutir et se perdre!

Cependant l'aurore de son règne n'en fut pas moins prospère, et ses vertus n'en brillèrent pas moins. La nation entière ne pouvoit qu'applaudir à cette administration aussi sévère que ses mœurs, et d'où étoit bannie toute prodigalité, comme tout faste étoit banni de sa personne : à cette modestie touchante, plus sensible encore au plaisir d'acquérir des connoissances qu'à celui de les montrer : à cette sage économie qui le rendoit *capable de toutes les privations* (1), et qui ne lui permettoit jamais

(1) Paroles de Louis.

aucune de ces grandes dépenses, *si inutiles*, disoit-il, *pour le bonheur :* à cette noble franchise, aussi étrangère aux intrigues qu'incapable de toute dissimulation : à cette politique éclairée, non moins droite que sa conscience, non moins ouverte que son caractère, et dont toute l'habileté étoit la bonne foi : à cet amour inaltérable pour la paix, qui s'accordoit si bien avec cette ame douce et calme que ne purent jamais séduire ni l'appât des conquêtes, ni le prestige de la gloire, la plus funeste tentation dont les rois aient à se défendre : et enfin, à cet accord précieux de ses vertus privées et publiques, qui, se soutenant toutes les unes par les autres, nous promettoient un règne heureux, et nous assuroient qu'un tel Prince ne manqueroit jamais ni à son Dieu, ni à son peuple, ni à la France, ni à lui-même.

Telle étoit la justice éclatante que d'un bout du Royaume à l'autre on aimoit à rendre à Louis, avant que les ennemis de l'ordre et de l'autorité eussent, à son égard, perverti l'opinion publique, et que le venin révolutionnaire se fût insinué dans les esprits et dans les cœurs. Mais à mesure que la corruption gagne, cette justice s'affoiblit, et à ce concert de louanges et d'amour, ne tardent pas à succéder, et les haines aveugles, et les préventions passionnées. C'est alors que l'ami de la vérité se vit en butte aux courtisans; l'ami des mœurs, aux amateurs de la licence; l'ami de la simplicité, aux amateurs du luxe et des plaisirs; l'ami de la religion, aux impies qui méditoient sa destruction et sa ruine; enfin l'ami de l'ordre, de la raison et de la sagesse, dont le premier but étoit d'améliorer sans détruire, ou de détruire sans bouleverser, à ces agitateurs inquiets et turbulens, qui ne vouloient que des secousses, et qui déterminés à ne rien laisser aller de ce qui va tout seul, ne craignoient pas de tenter leurs expériences, n'importe à quel prix; et de hasarder, sur la trompeuse parole de leurs systèmes, le sort de la patrie et le salut du genre humain.

Déplorable fatalité! Comment tant de vertus, qui, dans un autre siècle, lui eussent mérité des statues, ne firent-elles que des frondeurs chagrins qui les tournèrent contre lui-même? et qui donc nous expliquera comment, bien loin de les apprécier et de les reconnoître, on finit par s'en faire autant de moyens pour le perdre, et autant de prétextes de s'armer contre lui? C'est ainsi qu'on se servit de sa droiture et de sa candeur pour lui tendre des piéges, et pour tromper plus sûrement les vœux les plus purs de son cœur: qu'on se prévalut de son indifférence au vain bruit de la renommée pour lui ôter sa réputation, et pour ternir sa vie irréprochable; que l'on fut d'autant plus hardi à lui enlever son pouvoir, qu'il se montra moins jaloux de ses augustes prérogatives, et que pour avoir été si avare du sang de ses sujets, l'on fut si prodigue du sien. O mystère des destinées humaines! Et combien ce malheureux Prince devient plus cher et plus sacré à notre mémoire, quand on pense qu'il ne doit qu'à ses propres vertus ses lamentables infortunes; qu'il régneroit peut-être encore, s'il eût cherché davantage à régner; et que s'il eût été moins digne de porter la couronne, elle orneroit peut-être encore son noble front. Hélas! il eût fallu se rendre redoutable, et Louis ne cherchoit qu'à se rendre affable et populaire : il eût fallu augmenter plutôt les braves légions qui entouroient son trône, et Louis laissa diminuer le nombre de ses défenseurs; prendre enfin plus de confiance en lui-même, et trompé par sa modestie, il ne se confioit qu'aux lumières d'autrui. O le meilleur des Princes, si méconnu des hommes, falloit-il donc encore que vous fussiez méconnu de vous-même? Ah! si vous aviez pu croire que les hommes que vous gouverniez n'étoient pas aussi bons et aussi généreux que vous; si vous aviez pu moins compter sur leur justice et leur reconnoissance; si vous aviez su montrer autant de vigueur contre l'iniquité que vous aviez de penchant pour le bien; si vous aviez pu vous convaincre que la sévérité est la dette de la justice, en même temps que la justice est la sauvegarde de la bonté, que de larmes n'auriez-vous pas épargné aux gens de bien, que de crimes aux méchans, que de malheurs, et à la France, et à vous-même?

Reprochons-lui donc, si l'on veut, de n'avoir eu de force que pour se surmonter lui-même: d'avoir trop tempéré la puissance par la bonté, quand tout tendoit à l'attaquer ou à l'affoiblir par l'audace; de s'être plus occupé de ses devoirs que de ses droits, tandis que ses sujets ne parloient que de leurs droits pour oublier tous leurs devoirs; ne songeant pas assez peut-être à ce qu'il devoit reconnoître à ses derniers instans, *qu'un prince sans autorité ne peut jamais faire le bien qui est dans son cœur* (1); d'avoir trop aimé à céder, quand il falloit résister et punir; de s'être montré si facile pour tous, quand il étoit si sévère à lui-même; et de n'avoir pas opposé à ses ennemis cette même énergie et cette même fermeté dont il soutint ses grands revers et ses longues souffrances. Ou plutôt ne lui reprochons rien; mais demandons-nous à nous-mêmes ce qu'auroit pu faire à sa place tout autre roi pour sauver sa couronne, ainsi que son pays; et si, dans cette grande lutte de la franchise et de la perfidie, de la loyauté et de la bassesse, de la sagesse et

(1) Testament de Louis.

de la frénésie, enfin, du crime et de la vertu, il ne falloit pas que ce fût le crime qui prévalût, et la vertu qui succombât.

Ah! plaignons-le plutôt de n'être pas né dans un autre siècle, et d'avoir régné dans ce temps d'emportement et de vertige, contre lequel ne peuvent rien, ni la force des lois ni la force des armes. Plaignons-le de s'être vu dans ces crises terribles et ces extrémités désespérées, qui trompent toutes les précautions, et déconcertent à la fois et la prudence et le courage. Plaignons-le de n'avoir pu guérir un peuple qui ne vouloit pas l'être, et qui, dans sa corruption raisonnée et sa démence systématique, étoit mécontent de tout, excepté de lui-même. Plaignons-le de n'avoir pu combattre le génie du mal auquel le ciel *avoit donné toute puissance de nuire également et à la terre et à la mer* (1): si toutefois on

(1) Apocal. VII, 2.

peut plaindre un Roi dont toutes les erreurs honorent la grande ame; qui jamais ne contracta une seule des taches dont fut souillée cette génération perverse qu'il eut à traverser; et qui, ayant à lutter contre tous les vices, ne donna l'exemple d'aucun : un Roi qui n'a jamais été trompé que par son amour même pour le bien; qui n'a jamais été complice que d'une séduction, celle de rendre son peuple heureux aux dépens de son repos et de sa vie même; qui a toujours été le maître de ses passions, s'il n'a pas été assez fort pour maîtriser celles des autres, et auquel on ne peut opposer qu'un seul tort dans sa vie, celui de n'avoir pu vaincre ni la rigueur de son sort ni la malignité des temps, de n'avoir pu surmonter des événemens insurmontables, ni triompher des injustices des hommes comme de celles de la fortune.

Ces injustices se manifesteront encore davantage et paroîtront bien plus odieuses encore, quand, après avoir abusé de ses vertus, qui le rendoient si digne de notre amour, on méconnoîtra encore ses bienfaits, qui le rendoient si digne de notre reconnoissance. Et quels bienfaits, Messieurs! ce sont tous les soins que peut donner un souverain à la prospérité de son empire; ce sont tous les sacrifices personnels, qu'il compte pour rien dès qu'ils peuvent contribuer au soulagement de son peuple; c'est le généreux abandon de ses droits, qui signala l'avénement à sa couronne; ce sont toutes les branches de l'économie et de l'administration publique réformées à la fois; c'est l'industrie ranimée, le commerce vivifié, l'agriculture encouragée, l'éducation nationale épurée; c'est la législation qui reçoit toutes les améliorations que commandent et l'expérience et le temps; c'est la marine rendue à sa splendeur ancienne; la navigation illustrée par des conquêtes d'un nouveau genre, et ces expéditions lointaines où l'ambition n'avoit rien à prétendre, mais où l'humanité avoit tout à gagner. Sous quel roi les malheureux réclamèrent-ils plus hautement leurs droits et furent-ils plus favorablement écoutés? Sous quel roi les ateliers de l'industrie et les établissemens de la charité publique furent-ils plus surveillés et plus multipliés? Sous quel roi les sciences et les arts reçurent-ils plus de récompenses et d'encouragemens? ces arts et ces sciences qui font la splendeur des États, mais qui peuvent aussi en faire la ruine quand on les préfère à tout, même à la vertu, et qu'on parvient à oublier que rien n'est plus près de la barbarie que l'abus de l'esprit et l'engouement du faux savoir. Que manquoit-il donc à la gloire de nos armes? et la seule guerre qu'il ait entrepris, fût-elle même une faute dans le principe, n'a-t-elle pas vengé l'honneur national des longues injures d'une puissance rivale? Que manquoit-il à notre considération au dehors? et n'avions-nous donc pas repris cet ascendant et cette supériorité en Europe que nous avoit fait perdre la foiblesse du dernier règne? Que manquoit-il enfin à Louis pour rendre ses travaux durables, la France à jamais florissante, et son règne immortel, qu'une nation digne de son Roi et digne d'elle-même; une nation qui méritât de jouir de tant de bienfaits par ses mœurs et par ses vertus, et qui eût conservé sa religion et son caractère, biens suprêmes que rien ne supplée, et sans lesquels tous les autres ne sont que des moyens de corruption et de ruine? Eh! de quoi sert à un État qu'il soit défendu par de nombreuses forteresses et par des légions aguerries; que les lettres fleurissent dans son sein, que ses vaisseaux couvrent les mers, que l'abondance règne dans ses ports, et qu'il étende ses communications jusqu'aux bornes du monde, quand tout conspire à ébranler ses fondemens, quand une consomption interne le travaille, quand il porte en lui-même le principe de sa dissolution, et qu'il est piqué au cœur par le poison des nouvelles doctrines, par le vil égoïsme, par la fatale indifférence, par ce dégoût superbe de tout ce qui est, pour ne rêver que ce qui doit être, et par cet esprit tristement raisonneur, qui, jugeant tout, décompose tout; semblable à ces eaux stagnantes qui creusent insensiblement le terrain qui les reçoit, et qui, bien loin de le fertiliser, n'y déposent qu'une fange putride d'où s'exhale une odeur de mort. C'est bien alors qu'on peut dire de lui comme de la statue de Nabuchodonosor, qu'il a la tête d'or et les pieds d'argile : d'autant plus malheureux, qu'aveuglé par ces biens trompeurs, il ne sent pas la profondeur de sa misère. Mais Louis, en travaillant ainsi à la prospérité de sa nation, n'en acquéroit pas moins de droits à la reconnoissance publique; il n'en montroit pas moins, par tout ce qu'il faisoit et d'utile et de juste, tout ce qu'il auroit fait encore si ses coupables ennemis lui en eussent donné le temps et laissé le pouvoir; et il n'en prouvoit pas moins qu'une ame simple dans ses goûts et pure dans ses affections, peut avoir encore de la grandeur dans ses desseins, et de l'élévation dans ses vues et dans ses pensées.

Et cependant de quel retour fut-il payé? quel témoignage reçut-il de son peuple, et quel fruit retira-t-il de tant de libérales concessions, de tant de royales sollicitudes? O opprobre éternel du siècle des lumières! Qui nous expliquera comment tant de bienfaits ne firent que des ingrats, et ne purent jamais désarmer les méchans? comment, après avoir accordé à son peuple la liberté qu'il demandoit, on ne parloit que d'oppression? comment, après avoir détruit dans son empire jusqu'à la moindre trace de servitude, on ne parloit que d'esclavage? comment, après avoir mis tous les actes de son autorité à l'abri de toute surprise, on ne parloit que d'actes arbitraires? comment, après avoir accordé la tolérance aux cultes dissidens, on ne parloit que d'intolérance et de persécution? comment, après avoir favorisé tous les talens et toutes les sciences, on ne parloit que de mépris pour les lumières et d'indifférence pour les talens? Que disons-nous, Messieurs? et quel sera l'étonnement de nos neveux, quand ils sauront que du faîte de ses grandeurs il fut précipité dans une obscure enceinte, dernier reste du superbe héritage de ses aïeux, et que l'on réduisit au dénuement le plus affreux, celui qui aimoit tant le pauvre, qui avoit adouci le sort des prisonniers, et porté la réforme et la consolation dans tous les asiles du malheur et du crime; que l'on rendit esclave de ses propres sujets, celui qui avoit affranchi jusqu'au dernier de ses sujets; que l'on tyrannisa dans son culte et dans sa conscience, celui qui avoit accordé la liberté des cultes et celle des consciences; que l'on vit condamner, contre toutes les lois, celui qui avoit adouci les lois criminelles, et soumis à révision tant de condamnations précipitées, et tant de jugemens désavoués par la justice; qu'on le vit enfin diffamé, persécuté par les mêmes écrivains qu'il avoit tant favorisés, et qui, pour prix des statues qu'il élevoit dans son propre palais aux hommes de génie, minoient son trône sourdement, et furent les premiers à proclamer l'insurrection et à forger ses chaînes. Ingratitude monstrueuse, et déloyauté sans exemple dans les annales du monde! Quoi donc! et les hommes valent-ils

la

la peine qu'on leur fasse du bien? et seroit-il vrai que le grand art de les gouverner n'est pas peut-être celui de les aimer, mais de les contenir? Ah! loin de nous ces idées désespérantes. Mais que les rois apprennent du moins qu'un peuple devenu impie, est nécessairement un peuple ingrat, qui se dispense d'autant plus aisément de la reconnoissance, que se croyant en droit de demander compte à ses maîtres de tout le bien qu'ils ne font pas, il se croit aussi, par une suite nécessaire, quitte envers eux de tout le bien qu'ils lui ont fait, comme de tout celui qu'ils peuvent encore lui faire.

Et c'est, Messieurs, ce qui mettoit le comble aux infortunes de Louis. Non, ce qui affligeoit cette ame sensible, ce n'étoit pas tant de se voir chaque jour abreuvé d'humiliations et d'outrages, de se voir chaque jour enlever un lambeau de sa pourpre royale; c'étoit de voir ses intentions calomniées, ses bienfaits méconnus : c'étoit d'apprendre qu'on lui enlevoit l'amour de son peuple, qui occupoit tout son cœur et toute sa pensée. Voilà ce qui faisoit le poison mortel de sa vie, et la grande amertume qui absorboit toutes les autres. Ah! il me semble le voir ici, ce royal cœur, se ranimer et palpiter encore au nom de ce peuple qui lui fut si cher, et dont il s'étoit proclamé solennellement *le premier ami.* Il me semble voir sa poussière se réveiller sous ce drap mortuaire, et nous adresser, du fond de son tombeau, ces tendres et touchans reproches : *O mon peuple, que vous ai-je fait, et en quoi vous ai-je donc été contraire?* Répondez-moi : *responde mihi* (1). O vous, qui fûtes constamment l'objet de mes travaux; *vous, dont on disoit que j'étois aimé, quand on vouloit me consoler*

(1) Michée, VI, 3.

dans mes peines (1), ô mon peuple! car vous avez beau faire, *les François seront toujours mon peuple* (2) au milieu même de leurs plus grands égaremens: répondez-moi, *responde mihi.* Quelle demande m'avez-vous faite, que je ne vous aie pas accordée? quel vœu avez-vous formé pour votre bonheur, auquel je n'aie pas souscrit? quelle misère m'avez-vous exposée, que je n'aie pas voulu soulager? quel abus m'avez-vous dénoncé, que je n'aie pas voulu réformer? quel sacrifice falloit-il s'imposer, auquel je ne me sois soumis? Quel Roi en a donc fait autant que moi? et dans vingt ans n'ai-je pas répandu sur vous les bienfaits de plusieurs siècles? et mes fautes, si j'en ai faites, que sont-elles, sinon autant de preuves mêmes de mon amour pour vous?

---

(1) Proclamation de Louis.

(2) Paroles de Louis.

Mais que lui répondre, Messieurs, tandis qu'ici tout nous accuse en même temps que tout le justifie? que lui répondre, tandis que l'évidence dépose contre nous, que le règne des illusions s'est enfin dissipé, que le jour de la vérité nous éclaire tous maintenant, et que son innocence, montée jusqu'au ciel, retentit par toute la terre. Ah! c'est la douleur, ce sont les larmes, c'est le silence de la confusion qu'il nous faut pour toute réponse; c'est un saisissement et de honte et d'effroi quand nous pensons que le prix de tant de bienfaits, que la récompense de tant de vertus, et que la reconnoissance pour tant de sacrifices, a été...... un échafaud.

Mais si nous n'avons rien à répondre à l'auteur de tant de bienfaits, n'aurons-nous rien à dire aux artisans de tous nos malheurs, qui voudroient au moins nous tromper sur leurs causes, s'ils ne peuvent en cacher les effets;

les taire, s'ils ne peuvent les nier; et, toujours incurables dans leur aveuglement, mettent peut-être encore au rang de leurs titres de gloire tous les fléaux qu'ils ont versés sur nous? Nous seroit-il défendu de les interpeller à notre tour, et de leur dire aussi, au nom de tous les vrais François : Répondez-nous, *responde mihi.* Ah! interrogeons donc ici ces mandataires infidèles qui trahirent à la fois, et leur Dieu, et leur Roi, et leur patrie; qui, appelés à sauver l'Etat, furent les premiers à le précipiter dans l'abîme; qui de représentans se firent conspirateurs, qui de sujets se constituèrent maîtres, et qui de maîtres devinrent tyrans; qui, au nom des propriétés, les envahirent; qui, pour violer toutes les lois, se déclarèrent inviolables; qui, par une déloyauté inouie dans l'histoire des crimes, se firent de leur mission un titre contre leur mission, et de leurs sermens un droit contre leurs sermens mêmes; et, par tous ces grands attentats, préparèrent celui qui devoit bientôt mettre le comble à tous les autres.

Interrogeons ces grands corps de judicature, gardiens nés des antiquités nationales et des maximes héréditaires; qui, atteints de la contagion commune, laissèrent pénétrer dans le sanctuaire des lois, l'esprit d'innovation et de système, et au lieu de se faire la règle de l'opinion du siècle, s'en firent les esclaves : ces magistrats qui, rappelés par leur souverain, oublièrent sitôt le respect et la reconnoissance qu'ils devoient à leur souverain; qui, les premiers, donnèrent le signal de la résistance; qui, les premiers, ébranlèrent la fidélité en raisonnant la soumission ; et qui, mettant la discussion à la place de l'autorité, accoutumèrent la nation à voir citer son Roi au tribunal de ses propres sujets : nouveaux Samsons, qui voulant ébranler le temple, ont été, comme lui, ensevelis sous ses ruines.

Interrogeons ces dépositaires de son pouvoir, avides de changemens pour parvenir à la célébrité, et de la célébrité pour parvenir à la fortune : tous ces ministres ou incapables ou perfides, qui abusoient de sa confiance sous le masque du bien public, et qui semant les piéges sous ses pas, commettoient le plus grand des crimes envers les peuples, celui de tromper la conscience des rois.

Interrogeons ces flatteurs de la multitude, plus méprisables mille fois que les flatteurs des princes, qui l'égaroient par des promesses fallacieuses et des droits chimériques; et qui, pour la tromper plus sûrement, armoient ses passions de tous leurs systêmes, en même temps qu'ils armoient leurs systêmes de toutes ses passions : audacieux dominateurs, qui se disoient une puissance, et qui en effet en étoient une; la puissance de la destruction, la puissance de la désolation, la puissance de la mort pour creuser le tombeau des nations et aiguiser le fer des parricides.

Interrogeons cette nation auparavant si douce et si sensible, et devenue si emportée et si cruelle; auparavant si facile à conduire, et devenue si indisciplinable et si rebelle; auparavant si idolâtre de ses rois, et devenue si indocile et si ingrate; qui se disoit si éclairée, et qui devint si follement crédule et si honteusement soumise aux vils tyrans qu'elle se donnoit: et demandons-lui par quelle inconcevable légèreté elle a pu passer tout à coup des transports de l'amour aux fureurs de la haine, des adorations aux outrages, et en abjurant son Roi, s'abjurer et se renoncer elle-même.

Interrogeons-nous nous-mêmes, et que chacun de nous se demande si nous n'avons pas mérité nos malheurs, en abusant de la prospérité même que nous lui devions ; si nous ne sommes pas devenus injustes envers lui par l'excès même du bonheur dont nous jouissions, par je ne sais quelle satiété du bien-être qui gagne certaines nations, comme certains esprits malades éprouvent la satiété de la vie ; si nous n'avons pas fatigué sa patience par des plaintes inconsidérées ; si nous n'avons pas été entraînés par vanité, par amour propre, par caprice, par je ne sais quelle inquiétude et quel désir du changement que l'homme prend pour sa grandeur, et qui n'est que sa maladie. Voilà, Messieurs, les sérieux retours que nous avons sans cesse à faire sur nous-mêmes? Voilà les hommes que nous devons hautement accuser comme l'unique source de nos maux, en attendant que la postérité les juge, et qu'elle venge en même temps de leurs ingratitudes, ce Prince, non moins juste que bon, qui, par ses soins constans et son amour inaltérable pour son peuple, auroit sauvé l'Etat, si l'Etat pouvoit être sauvé, lorsque les temps sont arrivés, *lorsqu'il est attaqué par une force invincible et divine*, lorsqu'une main fatale a tracé son arrêt, et que l'on peut dire de lui, comme de Babylone, *que ses jours sont comptés, qu'il est divisé de lui-même, qu'il a été mis dans la balance, et qu'il a été trouvé si léger* (1), qu'il ne peut plus se soutenir, et que de chutes en chutes et de ruines en ruines, il doit finir par crouler sur lui-même.

Et maintenant, ô rois! comprenez, instruisez-vous, juges de la terre, et que les grandes et terribles leçons que vous donnent les malheurs de LOUIS ne soient pas perdus pour vous. Voyez à quoi tient le destin des plus belles couronnes et la dissolution des empires les mieux affermis : voyez combien fatale aux rois est

(1) Daniel, v, 27.

l'impiété audacieuse qui domine en nos jours : voyez jusqu'à quel point l'esprit de sédition et de révolte se confond avec l'esprit d'irréligion et de système. Et comment se feroient-ils donc un crime de détrôner les représentans de la Divinité sur la terre, ceux qui n'aspirent à rien moins qu'à détrôner la Divinité même, et qui nous ont donné le spectacle effrayant de l'athéisme mis sur l'autel? Accoutumés à juger Dieu et ses mystères, comment ne se croiroient-ils pas en droit de juger le Roi et ses actions? N'en doutons pas, l'ennemi de Dieu ne peut manquer de devenir l'ennemi de César; et il est écrit que l'impie qui méconnoît et abjure son Dieu, méconnoît et abjure également son roi : *Maledicet regi suo et Deo suo* (1).

Et vous, peuples aussi, instruisez-

(1) Isaïe, VIII, 21.

vous à votre tour à force de malheurs. Voyez tout ce que coûtent les victoires que l'on remporte sur son Roi : voyez dans quel abîme de misère et de dégradation un peuple peut descendre, lorsque l'emportent ses passions effrénées : voyez combien amers sont les fruits de cette liberté après laquelle vous courriez en aveugle, et de ces droits trompeurs dont on berçoit votre crédulité. Apprenez que vous avez le droit d'être heureux, et non celui de vous nuire ; le droit d'être gouverné par la justice, et non celui de vous la faire ; le droit de n'obéir qu'aux lois, et non celui d'en être les arbitres : qu'ainsi le veut l'ordre éternel, contre lequel vous ne sauriez vous élever sans vous punir vous-même, et attirer sur vous ce déluge de calamités, que rien n'a égalé que le déluge de vos crimes. Apprenez enfin que les François ne sont forts que de leur Roi ; que si sa puissance est dans notre amour, notre vraie liberté est dans sa puissance ; que nous ne pouvons rien lui ôter, sans nous l'ôter à nous-mêmes, et qu'ici la grandeur d'un seul est le trésor de tous.

Mais la gloire de Louis n'est encore qu'ébauchée, et de plus grands objets encore nous appellent. Nous vous avons montré, Messieurs, par toutes les vertus de sa vie, l'injustice de sa mort; il faut encore vous en découvrir toute la sublimité et l'héroïsme.

SECONDE PARTIE.

Un des plus beaux génies de l'antiquité a eu une idée véritablement grande, quand il a dit que la plus glorieuse destinée que Dieu pût réserver à un mortel, c'est qu'il mourût pour la justice, et que, pour prix de sa vertu, il succombât sous le fer des méchans : et les premiers défenseurs de la foi ont trouvé cette pensée si belle et tout à la fois si chrétienne, qu'ils n'ont pas hésité d'en faire l'application à la mort du Sauveur du monde, pour prouver, qu'à ne prendre même les choses qu'humainement parlant, la mort de l'Homme-Dieu avec tous ses opprobres, bien loin de nuire à sa gloire, n'avoit fait qu'y mettre le comble. Nous ne pouvons qu'applaudir à cette application ; mais sera-t-elle donc moins naturellement appropriée à la mort du juste que nous pleurons; et nous paroîtra-t-elle moins touchante, lorsque nous penserons que ce juste est un Roi, que ce Roi est immolé par ses propres sujets, qu'il est victime de ses bienfaits mêmes, et qu'il surpasse encore par le courage et l'héroïsme avec lequel il soutient sa mort, la criminelle ingratitude de ceux qui l'ont ordonnée. Mort véritablement héroïque, soit qu'on la considère, et dans les sacrifices qui l'ont devancée, et dans les sentimens qui l'ont accompagnée; de sorte que, bien loin de porter la moindre atteinte au saint respect que nous devons à sa mémoire, elle la rend encore plus sacrée et plus vénérable, et fait du dernier terme de ses infortunes, le plus beau titre de sa gloire et de son triomphe.

Je dis, Messieurs, héroïque par les sacrifices qui la préparèrent. Depuis plusieurs années LOUIS la voyoit en face, il la voyoit s'avancer chaque jour par degrés, il la lisoit sur le front de tous les conjurés; il les entendoit s'écrier *qu'il est expédient qu'un homme meure, pour que toute la nation ne périsse pas* (1), et il savoit que cet homme c'étoit lui. Il voyoit plus d'un perfide s'avancer pour le trahir, et trafiquer, non de ses vêtemens, mais de ses jours. De toutes parts lui arrivoient les plus sinistres avertissemens, que confirmoient les plus sanglans outrages dont à chaque moment

(1) S. Jean, XVIII, 14.

il étoit abreuvé; et il ne pouvoit plus se dissimuler le sort qui l'attendoit. Mais alors quelles étoient ses inquiétudes et ses craintes, et de quels soins s'occupoit-il? Hélas! toujours prêt à s'offrir en holocauste pour son peuple, et à se sacrifier, comme Jonas, pour appaiser la tempête, s'il prend des précautions, c'est bien plus pour les autres que pour lui-même, et s'il s'inquiète, c'est bien moins des dangers qui menacent sa vie, que des malheurs qui vont tomber sur sa nation. Ce n'est point ici une simple résignation à sa cruelle destinée, c'est la disposition habituelle d'une ame magnanime à laquelle il n'en coûtera pas plus de faire le sacrifice de sa vie, s'il le croit nécessaire au bonheur de ses sujets, qu'il ne lui en coûte de faire le sacrifice de sa royale autorité et des plus beaux droits de sa couronne, dès qu'il pense éviter par-là de plus violentes commotions et prévenir les hor-

reurs

reurs d'une guerre intestine. S'il tente une seule fois de s'arracher par la fuite à l'horreur de sa situation, c'est bien plus pour délivrer la France de ses oppresseurs, que pour se délivrer lui-même de ses ennemis, et en se dérobant à leurs fureurs, les empêcher de devenir encore plus coupables. Digne peut-être alors d'une plus vive admiration, quand il veut épargner à ses sujets le déshonneur d'un grand crime, que quand il poussera l'héroïsme et la grandeur d'ame jusqu'à leur pardonner le crime même.

C'est toujours, Messieurs, dans cet esprit d'immolation et d'un entier oubli de lui-même, qu'on le verra songer à la sûreté des autres, bien plus encore qu'à la sienne propre. Combien de fois des serviteurs non moins courageux que fidèles, voulurent, à l'exemple de Pierre, tirer l'épée pour le défendre, et combien de fois ne leur dit-il pas de la remettre dans le fourreau, ne voulant pas, suivant ses propres expressions, qu'*il fût répandu une seule goutte de sang, dût-elle même lui conserver et son trône et sa vie.* O noble et touchante illusion de sa belle ame! Comme s'il n'étoit pas responsable de sa propre défense à sa nation, à son siècle, à la postérité : comme si ses successeurs n'avoient pas droit au trône dont il est l'héritier, et que sa vie ne fût pas la vie de tous. C'est encore par ce généreux dévouement que dans la plus critique des circonstances on l'entend dire qu'*il ne veut pas faire verser le sang des François pour sa querelle.* Nouvelle erreur, qui ne pouvoit germer que dans un cœur aussi grand que le sien. Comme si sa querelle n'étoit pas celle des François, la querelle de son peuple et de son bonheur, la querelle de la justice et de l'ordre public, la querelle de la religion sur laquelle est appuyée son trône; disons tout, la querelle de Dieu même, qui lui a mis le glaive en main pour exterminer les rebelles, et pour venger les lois en se vengeant lui-même.

Que dirons-nous, Messieurs, de ce refus qu'il fait de plaider lui-même sa cause devant ses juges, *de peur*, dit-il, *de les émouvoir, et d'avoir trop raison contre ses adversaires.* Mille fois supérieur ici à ce Socrate si vanté, qui ne vouloit faire de sa mort qu'un spectacle, et mit tant d'art à émouvoir ses juges et à confondre ses adversaires. Que dirons-nous encore de l'ordre qu'il donne à l'orateur aussi éloquent qu'intrépide, qui se charge de sa défense (1), d'en supprimer tout ce qui seroit trop pathétique, *parce qu'il ne veut pas les attendrir.* Sublime abandon de soi-même, et abnégation surhumaine, dont on chercheroit en vain la moindre trace chez tous les sages de l'antiquité, et qui fait de LOUIS un héros d'une espèce unique,

(1) M. de Sèze.

dont on ne trouve aucun exemple dans les annales de la vertu.

Mais nous, Messieurs, ne serions-nous donc pas émus et attendris, en voyant ce Prince infortuné refuser jusqu'aux larmes de ses ennemis, comme pour leur apprendre qu'ils sont à plaindre encore plus que lui; et que si quelqu'un est ici digne de compassion et de pitié, c'est ce peuple en délire qui ne se connoît pas lui-même, qui court aveuglément au-devant de sa perte, et qui, encore plus coupable que l'infidèle Jérusalem, met à mort à la fois, et ses prophètes et ses rois. Spectacle vraiment attendrissant, et où Louis se montre d'autant plus digne d'admiration qu'il cherche plus à la fuir; d'autant plus digne de nos larmes qu'il ne veut pas que nous pleurions sur lui; et toujours plus grand que lui-même, apprend ainsi à l'univers que s'il est glorieux d'occuper un trône avec sagesse, il l'est encore davantage de le perdre sans regret, et d'en descendre avec tant de grandeur.

Ah! son vœu magnanime ne sera que trop accompli, et ses juges barbares ne seront point attendris. Mais sa mort en deviendra plus héroïque, puisqu'elle aura toute la gloire et le mérite d'un sacrifice volontaire: mais son amour pour ses sujets en éclatera davantage; et il n'en prouvera que mieux à tous les siècles à venir, que, comme un autre Eléazar, il s'est immolé pour ses frères; que, nouveau rédempteur, il a donné sa propre vie pour le salut de sa nation; et qu'il est digne que l'on dise de lui, ainsi que du Sauveur du monde, qu'il s'est offert parce qu'il l'a voulu : *Oblatus est quia ipse voluit* (1).

Le dirons-nous cependant, Messieurs, c'est cet héroïque esprit de résignation, et d'abandon de sa propre vie pour épar-

---

(1) Isaïe, LIII, 7.

gner celle des autres, qui ne fut point apprécié par certains esprits, lesquels n'y voyoient qu'un penchant à la foiblesse, un tribut payé à la crainte, ou tout au plus, que le courage de souffrir. Mais combien grande fut leur erreur! combien injuste leur censure! Et où est donc la force d'ame, si ce n'en est pas une d'aller au-devant de la mort, quand on la juge nécessaire au bonheur de son peuple? Et où sont donc les occasions où LOUIS ne se soit pas montré supérieur à toutes les craintes comme à tous les dangers? Qui pourroit oublier ces jours d'ivresse et d'effervescence populaire, où, sans autres armes que sa vertu et sa mâle intrépidité, il fit, seul contre tous, pâlir les factieux, et leur apprit qu'il existe une majesté inaccessible aux coups du sort, et aux atteintes des méchans? Quoi donc! fut-il foible dans cette nuit de deuil et de carnage, où assiégé dans son propre palais par des hommes altérés du sang de sa compagne auguste et de ses gardes les plus fidèles, il sut faire avorter, par sa noble assurance et sa stoïque fermeté, tous leurs affreux desseins? Fut-il foible dans cette journée plus désastreuse encore, et où se méditoient de plus grands attentats? et où, parmi les cris de rage et le fracas des bronzes meurtriers, il sut montrer que l'*homme de bien qui a une conscience pure, ne tremble jamais* (1)? Fut-il foible, quand, traîné dans sa capitale, escorté des furies qui menaçoient ses jours, et à travers les flots amoncelés d'une multitude effrénée, il y parut avec autant de calme et de sérénité que lorsqu'il y venoit dans tout l'éclat de sa grandeur, au milieu des transports de l'amour et des cris de l'allégresse? Ah! ce n'est point au soldat dont la valeur impétueuse affronte les hasards dans le fort du combat et la

(1) Paroles de Louis XVI dans la journée du 20 juin.

chaleur de la mêlée, qu'appartient la gloire du vrai courage; c'est à celui qui, toujours maître de lui-même parmi les plus indignes traitemens qu'un mortel ait jamais éprouvé, se montre encore plus intrépide que le crime n'est hardi et audacieux; voit les poignards des assassins levés sur sa tête, et n'en est point intimidé; et connoissant les desseins homicides de ses ennemis, ne prend contre eux aucune sûreté, parce qu'il est prêt à tout, comme il ne s'étonne de rien. Voilà le brave par excellence; voilà le héros qui est plus fort que celui qui prend des villes; et tel fut Louis, dans ces terribles circonstances, où jamais ni l'homme ni le Roi ne s'oublièrent un instant. Hélas! tant d'héroïsme et de courage sera perdu, et pour lui-même, et pour les autres, et ne sauvera pas plus son peuple de ses malheurs, que son trône de sa ruine : mais il ne sera pas perdu pour sa gloire; il ne le sera pas pour la postérité, qui admirera le Monarque qui sut ainsi s'élever autant au-dessus de lui-même, que ses ennemis descendoient plus bas ; qui, par la force de son ame, honoroit l'humanité, dans le temps que l'humanité se dégradoit tant elle-même ; qui soutenoit encore la grandeur de la nation dont il étoit le chef, dans le temps que cette nation souilloit toute sa gloire et flétrissoit sa renommée ; et qui, toujours digne du trône et de son noble sang, soutenoit encore à lui seul l'honneur du nom françois, la splendeur de sa race et la gloire de quatorze siècles.

Mais il faut aborder l'endroit le plus pénible et le plus douloureux de mon discours, et vous parler de cette mort qui va nous révéler tout le secret de sa vie, et qui vaut à elle seule la plus belle vie du monde. Déjà *l'heure de la puissance des ténèbres est arrivée* (1). La

(1) S. Luc, XXII, 53.

synagogue des conjurés s'ébranle; et d'abord divisés entre eux, ils se sont enfin donné la main pour perdre le juste. Les prêtres de Baal ont déchiré leurs vêtemens, et s'apprêtent à dévorer leur proie et leur victime. Les scribes et les pharisiens de l'impie sénat ont ourdi contre lui leur complot sacrilége : ces pharisiens qui ont toujours l'humanité et la liberté sur la bouche, et l'enfer dans le cœur; et ces scribes atroces, qui n'écrivent qu'avec du sang leurs lois et leurs décrets. Une populace effrénée, plus fanatique encore que celle de Jérusalem, pousse des cris de rage, et le proclame digne de mort. Déjà il est dressé ce sanguinaire tribunal, où siégent à la fois les juges, les accusateurs et les bourreaux; lesquels, foulant aux pieds toutes les lois de la pudeur, toutes les formes protectrices de l'innocence, prennent ici leur rebellion pour leur autorité, leurs calomnies pour des preuves, et leurs factions pour des jugemens. Il est interrogé celui qui ne peut l'être que par *le Dieu qui juge au milieu des dieux*(1), et, par une audace inouïe dans l'histoire de la perversité humaine, ils lui reprochent, et ses propres bienfaits, et leurs propres crimes, et jusqu'au sang qu'ils ont versé eux-mêmes : et telle est sa noble sécurité, la présence de son esprit et la sagesse de ses réponses, que celui qui préside à cette œuvre d'iniquité ne peut se défendre lui-même d'un sentiment d'admiration et de surprise : *Ita ut miraretur præses vehementer* (2). Déjà est prononcée la fatale sentence : et ici, ce n'est pas celui qui l'entend qui tremble et qui frémit, c'est celui qui l'annonce et qui la signifie. Déjà les éternels adieux sont dits, les derniers sacrifices sont faits, tous les cœurs de

(1) Psaume LXXXI, 1.
(2) S. Matth. XXVII, 14.

l'auguste famille se sont déchirés dans leur séparation : Louis s'est arraché des doux embrassemens des compagnes chéries qui allégeoient le poids de sa captivité, et qui n'auront pas même la triste consolation de mourir avec lui. Le voilà seul avec lui-même, ou plutôt seul avec Dieu, et *n'ayant plus que ce témoin de ses pensées auquel il puisse s'adresser* (1). Oh ! combien, dans ce moment suprême, ce Dieu lui devient nécessaire ! combien *il sent tout le bonheur d'avoir conservé ses principes* (2), et de n'avoir jamais douté des dogmes sacrés de sa foi ! combien il s'applaudit d'avoir toujours fermé l'oreille aux suggestions perfides de cette triste philosophie qui n'auroit eu à lui offrir, dans ces affreux instans, que le vide de ses maxi-

---

(1) Expressions de Louis dans son Testament.

(2) Propres paroles de Louis, s'adressant à M. de Malesherbes.

mes et la promesse de son néant! combien il sent tout le besoin de cette religion sublime, qui ne se plaît jamais plus à consoler les malheureux, que quand tous les appuis humains leur manquent à la fois. Déjà elle lui envoie son ministre ou son ange réconciliateur, qui vient lui apporter les bénédictions du ciel et les paroles du salut. Qui pourra donc nous raconter cette scène de piété et d'attendrissement? Qui nous dira ce qui se passe entre l'homme de Dieu et le Monarque qui lui découvre tout son cœur? Qui nous révélera leurs pieux entretiens et leurs occupations célestes? et l'autel sacré que l'on dresse, et la célébration des augustes mystères, qu'a précédé ce doux sommeil, image naturelle, heureux augure du repos éternel dont il va jouir; et la réception du pain des forts, qui l'aidera si puissamment à monter sur l'autel ou sur le trône de son martyre, et à prouver à tous les siècles que s'il a su vivre, il sut aussi mourir?

Mais, qu'entends-je, et quel nouveau spectacle vient s'offrir à mes yeux? C'est l'heure fatale qui sonne; ce sont de cruels satellites qui s'avancent pour se saisir de la victime; c'est Louis, qui, en allant au-devant d'eux, leur demande, d'un air plus calme encore qu'intrépide, comme autrefois Jésus à la cohorte impie : Qui cherchez-vous? *Quem quæritis* (1)? et qui, toujours Roi, alors même qu'il ne peut plus l'être, leur ordonne de partir avec lui : *Partons.* C'est le départ du char funèbre qui roule lentement sur les ruines de la France, sur des ruisseaux de crimes et de sang; où Louis, comme de son char de triomphe, récite les prières ou le cantique des mourans; et, semblable à l'Agneau de Dieu, s'avance, à travers les glaives homicides, au lieu de son immolation, et monte

(1) S. Jean, XVIII, 4.

enfin sur son Calvaire. Anges des cieux, accourez tous en ce moment, puisqu'il vous invoque, pour contempler le plus grand des spectacles que puisse vous offrir la terre! Accourez, non pour le soutenir dans son agonie et dans sa défaillance, il n'en a pas besoin, puisque Dieu le soutient; non pour détourner de lui le calice amer, il veut le boire jusqu'à la lie; mais pour admirer un héros dont le courage et la résignation égalent l'infortune, et qui, sans plainte comme sans impatience, sans foiblesse comme sans ostentation, se montre également au-dessus, tantôt de la compassion et tantôt de l'admiration qu'il inspire. Venez voir ce descendant de trente rois, condamné à perdre la vie par ses propres sujets, auxquels il a sacrifié sa propre vie, et qui, bien loin de succomber sous ce poids immense d'injustice et d'ingratitude, conserve encore je ne sais quelle divine impassibilité, je ne sais quelle sérénité surnaturelle qui déjà l'associe à la béatitude dont vous jouissez, et n'en soutient qu'avec plus de gloire et la dignité du Monarque et celle du chrétien. O miracle de la foi! il est donc vrai que le chrétien surpasse autant le sage que l'ouvrage de Dieu l'emporte sur l'ouvrage de l'homme? Et quel autre sentiment que celui de la religion auroit donc pu l'élever ainsi au-dessus de lui-même, le rendre encore plus calme mille fois que ses bourreaux ne sont barbares et furieux, et lui communiquer ce surcroît d'héroïsme inoui avec lequel non-seulement il leur pardonne tout le mal qu'ils lui ont fait, mais leur demande encore grâce *pour tout le mal qu'ils peuvent croire leur avoir été fait par lui-même* (1)? Les insensés! ils veulent l'avilir, et ils ne font que le relever da-

(1) Testament de Louis.

vantage;

vantage; en déchirant son diadême, ils ont rendu son front plus auguste et plus vénérable, et ses mains sacrées, liées par des mains impies, ne s'en montreront que plus dignes de porter le sceptre. Saint Louis fut roi dans les fers, son fils est roi sur un échafaud. Saint Louis fit trembler les Barbares à son aspect, son fils fait redouter à ses ennemis mêmes jusqu'à l'ascendant de ses paroles; et leur iniquité, se trahissant, se confondant et se mentant plus que jamais à elle-même, apprendra à tout l'univers que l'innocence et la vertu sont invincibles à tous les hommes.

Enfin, le sacrifice est consommé, et l'auguste victime n'est plus. O jour affreux! ô jour plus sombre mille fois que la nuit! jour d'exécrable mémoire! que n'est-il effacé du nombre de nos jours? Et *pourquoi suis-je donc né pour être ainsi témoin de la ruine de ma patrie et de l'opprobre de ma na-*

tion (1)? Non, après le déicide dont se rendit coupable un peuple réprouvé, le plus grand crime que le soleil ait jamais éclairé, et la plus grande injure que les hommes aient jamais fait au ciel, c'est la sentence sacrilége qui fit tomber cette tête sacrée. Ministres d'un Dieu de paix et de miséricorde, nous louons, l'Evangile à la main, nous admirons même cette magnanimité d'ame, cette bonté inépuisable de notre Roi, qui, pardonnant à de si grands coupables, se montre tout à la fois, et l'image de Dieu, et l'image de son frère; mais, quels que soient les vœux que nous formons ici pour l'indulgence généreuse et l'oubli paternel de toutes les erreurs, il nous sera toujours permis de douter si la clémence royale peut aller jusque là; et nous n'assurerons pas moins qu'un si grand par-

---

(1) I. Machab. II, 7.

don ne peut se mériter que par un grand repentir, et qu'ici l'excès de la miséricorde ne dispense pas plus de l'expiation, qu'elle ne lave de l'opprobre.

Mais non, Messieurs, tout n'est pas consommé, et la mesure des forfaits, pour être à son comble, n'est pas encore à son terme. Un abîme doit appeler un autre abîme; et après l'époux ce sera encore l'épouse; et après l'épouse, la sœur; et après la sœur, le fils. Ce sera cette Reine infortunée que Marie-Thérèse nous avoit donnée avec tant de confiance, que nous avions reçue avec tant de transports : mêlange heureux de bonté et de grâce, qui portoit sur son noble front, et la majesté des Césars, et la majesté des Bourbons; et, toujours digne d'elle-même, soit qu'elle monte au faîte des grandeurs, soit qu'elle descende jusqu'au dernier degré des misères humaines. Femme plus forte que la *femme forte*, plus élevée que son rang par son caractère; qui, au-dessus de ses malheurs par son courage, comme au-dessus des calomnies par sa vertu, ne conspira jamais que pour le bien public, et ne fut jamais complice que des bienfaits de son époux.

Ce sera cette vierge céleste, ornement de son sexe et honneur de la piété, modèle impérissable de l'amour fraternel; ame sublime, dont l'énergie égaloit la candeur, aussi pure à la cour que patiente et résignée dans les fers, et digne enfin d'un meilleur sort, si toutefois il en est un plus beau que celui de vivre en ange et de mourir en héroïne.

Ce sera ce royal enfant, tout orné de ses charmes et de son innocence; tendre lis, qui, sous des mains aussi viles que barbares, tombe, à peine éclos, avant son printemps. Forfaits inconcevables! et comment les concevrions-nous, puisque nous-mêmes qui les avons vus, pouvons à peine y croire? Ah! qu'ils aient *immolé l'héritier* (1) dont ils vouloient envahir l'héritage, nous pouvons l'expliquer; mais MARIE-ANTOINETTE; mais ÉLISABETH, qui n'avoient à leur léguer que leurs malheurs et leurs vertus; mais cet ange qui ne fait qu'essayer la vie, et qui déjà semble en avoir épuisé toutes les infortunes!... O mon Dieu! que faut-il donc admirer le plus ici, ou les mystères de votre Providence, ou les mystères de notre perversité; ou les profondeurs de vos jugemens, ou les profondeurs du cœur de l'homme? et qu'est-ce donc qu'un peuple, lorsque, pour le punir de ses égaremens, vous l'abandonnez à lui-même, et le livrez à ses propres fureurs?

Après cela, Messieurs, serons-nous bien surpris que le Seigneur ait versé sur ce malheureux royaume la coupe de ses vengeances, et que, pour nous servir de l'expression de l'Esprit saint (2), il

(1) S. Marc. XII, 7.

(2) Ezech. XIII, 13.

ait fait pleuvoir sa fureur sur ce peuple rebelle, foible jouet de tant d'erreurs, triste instrument de tant de crimes? Voyez le règne affreux de l'anarchie, de la terreur et de la confusion succéder à un règne d'amour, de paix et de confiance. Voyez ce déluge de maux qui vient engloutir la patrie, et, par vingt ans de désolation, expiant le délire et l'opprobre d'un jour. N'en doutons pas, Messieurs, c'est pour venger la mort de l'innocent que tant d'innocens ont péri. C'est pour venger le sang le plus pur et le plus auguste de la France qu'a été versé par torrens le sang de nos enfans. C'est pour venger la honte de nous être soustraits à la domination la plus glorieuse et la plus paternelle, celle de nos antiques Rois, que nous avons subi le joug le plus humiliant, et qu'on a vu cette noble nation des Francs, si orgueilleuse de ses Bourbons, et si fière de cette race de héros et de sages qu'ont adorée dix siècles, se courber tristement sous le sceptre de fer d'un étranger obscur, non moins inconnu parmi nous qu'ignoré dans sa propre patrie.

Mais ce n'est pas la France seule qui portera la peine d'un si grand attentat. Il faut encore que l'Europe entière en reçoive le châtiment, et tous les trônes ébranlés ressentiront le contre-coup de ce grand coup qui fait tomber le premier trône de la terre. La fatale révolution portera partout ses ravages et ses doctrines désastreuses: partout les fléaux succéderont aux fléaux, et les ruines aux ruines. On verra les rois châtiés dans leurs propres palais, dans leurs cités fumantes, pour n'avoir pas vengé la profanation du diadème, et s'être séparés de la cause des rois; et l'ébranlement du nouveau monde répondant à celui de l'ancien, apprendra à tous les peuples, comme à tous les siècles, que si le régicide est le plus grand des crimes qui puisse armer la justice du ciel, il est encore la plus grande calamité que Dieu puisse tirer du trésor de sa colère.

Mais il faut, Messieurs, qu'à ces punitions mémorables, qui ont parcouru l'univers, à ces expiations forcées, qui n'ont dépendu que du ciel, succèdent ces expiations volontaires qui ne dépendent que de nous, et dont nous puissions nous faire un mérite aux yeux de Dieu, comme une gloire aux yeux des nations et de la postérité. Il faut qu'en cette grande commémoration se renouvelle cette vive horreur, cette consternation profonde où fut plongée la nation le jour de la fatale catastrophe. Il faut que, d'un bout de la France à l'autre, on puisse lire sur tous les fronts que le peuple François est innocent de la mort de son Roi, et que, loin d'avoir été le complice de ce forfait à jamais détestable, nous le vouons à l'exécration de l'univers. Il faut, qu'à l'exemple d'une nation rivale, qui venge tous les ans, par un deuil solennel, la majesté des rois, nous la surpassions en douleurs et en regrets, comme nous l'avons surpassé en injustice et en ingratitude. Il faut que, par un surcroît de supplications et de larmes, de jeûnes et de bonnes œuvres, nous fléchissions la justice du ciel, et que nous obtenions du Père des miséricordes, que cette grande et mémorable iniquité ne nous soit pas imputée, et que, suivant l'expression du Prophète, il transporte loin de nous notre péché (1). Oui, notre péché, et il nous faut l'entendre ici ce mot et si triste et si véritable. Car quel que soit le deuil que nous en portons, et quelque détestation que nous en fassions, il n'en est pas moins vrai de dire qu'elle est notre péché; parce que si nous ne l'avons pas consommée, nous l'avons préparée par nos désordres et nos scandales, par le mépris de Dieu et de ses lois, par je ne sais quel engouement d'innovations et quel amour exalté d'indépendance qui

---

(1) II. Rois, XII, 13.

s'étoit emparé des meilleurs esprits; et que si nous avons été étrangers aux excès sacriléges des factieux, nous ne l'avons pas été peut-être à l'exagération de leurs idées, à leurs chimères politiques, à leurs paradoxes pervers, à ce fanatisme d'impiété qui faisoit toute leur morale, et qui, ôtant aux Rois leur majesté, comme aux lois leur vigueur, nous a, de piége en piége, de conséquence en conséquence, poussé jusqu'à l'abîme : notre péché, parce qu'elle s'est commise au milieu de nous, et que notre gloire en sera éternellement souillée : enfin, notre péché, parce que si nous ne l'avons pas commise, nous l'avons laissé commettre.

Allons donc pleurer entre le vestibule et l'autel : allons nous prosterner devant l'hostie de propitiation, pour celui qui fut victime de son peuple, victime de sa vertu même; et lui faire une sainte violence pour que bientôt il règne dans le ciel, celui qui ne songea qu'à faire le bonheur de la terre. Mais que disons-nous? Est-il bien vrai que LOUIS ait encore besoin de nos prières? est-il vrai que ce soit pour lui ou pour nous que les expiations soient nécessaires? est-il vrai que ce soit à nous à lui offrir le secours de nos vœux et de nos suffrages, ou est-ce lui qui déjà intercède pour nous dans le sein d'Abraham où il réside? N'en doutons pas, et croyons sans témérité que cette ame prédestinée, purifiée par tant de souffrances, a déjà reçu la récompense de ses vertus; que le Seigneur a eu pour lui cette même clémence qu'il a eue pour les autres; et que toutes les fragilités, toutes les ombres de sa vie, ont disparu devant le jour immortel de sa mort.

Saluons-le donc aujourd'hui Roi-Martyr, c'est le seul titre de gloire qui manquoit à sa race auguste; saluons-le martyr, puisqu'aussi bien les impies l'ont mis à mort, moins encore peut-être par haine pour la royauté, que par haine pour la foi de ses pères, à laquelle *il fut toujours sincèrement uni de cœur* (1), et moins pour le punir du crime d'être Roi, que de son glorieux refus de souiller sa main en scellant la proscription des ministres fidèles. Saluons-le martyr, puisqu'aussi bien c'est de ce nom que l'appelle un grand et immortel Pontife : « O jour de triomphe » pour Louis ! s'écrie-t-il, à qui Dieu a » donné, et la patience dans les plus » grandes infortunes, et la victoire au » lieu même de son supplice ! Nous » avons la ferme confiance qu'il a heu- » reusement changé une couronne fra- » gile, et des lis qui se seroient bientôt » flétris, en un diadème impérissable, » que les anges mêmes ont tissus de lis » immortels (2) ».

Ainsi s'exprimoit Pie VI, lequel ne

---

(1) Testament de Louis.

(2) Allocution du Pape Pie VI, au Consistoire, le 17 juin 1793.

prévoyoit pas encore qu'il seroit martyr lui-même, et qu'un destin à peu près semblable associeroit son nom à la gloire de ce Monarque objet de sa vénération. Noble et touchant témoignage! favorable présage de l'union et de l'heureux accord qui va régner entre le successeur de l'un et le successeur de l'autre; entre un Pie nouveau, honneur de la tiare, et un nouveau Louis, honneur de la couronne; et qui, resserrant plus que jamais les antiques liens de l'Eglise de Rome et de celle de France, soutiendra ainsi, l'un par l'autre, le trône de saint Pierre et le trône de saint Louis.

Mais s'il nous est permis de croire que le Prince que nous pleurons préside déjà du haut des cieux aux destins de la France, et qu'il a changé les cyprès de la mort en palmes triomphantes, il ne l'est pas moins de penser qu'il s'accomplira ce voeu sublime, cette dernière expression de son amour et de son coeur: *Je désire que mon sang fasse le bon-*

heur de la France. Paroles admirables, et véritablement royales! Est-ce un homme, est-ce un ange qui les a prononcées? Ah! que ne peuvent-elles percer les voûtes de ce temple, voler aux quatre coins de l'univers, afin que l'univers répète jusqu'aux siècles les plus lointains: « Je désire que mon sang fasse » le bonheur de la France ». Oui, Prince magnanime autant qu'infortuné, votre mort le fera, comme la mort de l'Homme-Dieu a procuré le salut du genre humain. Le sang du juste est monté jusqu'au ciel, non pour crier vengeance comme celui d'Abel, mais pour crier grâce et miséricorde. Il nous protégera, il nous couvrira comme d'un bouclier: il nous réconciliera avec Dieu, avec nos frères, avec nous-mêmes; il s'interposera entre le ciel et nous; il éteindra toutes les haines et toutes les discordes; il fertilisera cette terre couverte de tant de crimes et de tant d'égaremens, pour y faire germer les vertus de nos aïeux;

il ressuscitera l'honneur antique ; il ranimera cet esprit religieux qui doit tout ranimer ; il rajeunira la France, que ses vices avoient vieillie ; il renouvellera le sang françois, en renouvelant le sang chrétien ; il scellera la nouvelle alliance qui vient d'unir le Roi et ses sujets ; et les lis qu'il arrosera, relevant leur tige superbe, et plus belle et plus vigoureuse, brilleront d'un éclat immortel.

Qu'elles soient donc gravées sur son tombeau ces belles et mémorables paroles ! C'est la plus magnifique et la plus éloquente épitaphe dont nous puissions le décorer, et le génie de l'homme n'en fera point qui puisse dire davantage pour notre instruction, ainsi que pour sa gloire. C'est bien de ce tombeau que l'on peut dire, comme de celui dont parle l'Esprit saint, qu'*il sera glorieux* (1) : glorieux, par les grands souvenirs qu'il rappellera, par les grandes leçons qu'il

(1) Isaïe, XI, 10.

donnera, par les grandes vertus qu'il inspirera. C'est-là que les politiques apprendront à juger les révolutions, à se pénétrer vivement des malheurs qu'elles entraînent, et à s'en dégoûter à jamais. C'est-là que les chrétiens apprendront à mourir et à pardonner; les malheureux à se consoler, en se rappelant des misères et des malheurs qui, à eux seuls, ont épuisé tous les malheurs et toutes les misères; les Rois à s'humilier sous la main de celui qui brise les sceptres comme des roseaux, fait mourir les royaumes comme les Rois, et chasse devant lui les potentats et leurs diadêmes comme le vent disperse au loin la plus vile poussière. C'est-là enfin, que tous les cœurs françois viendront se retremper, puiser une seconde vie, et une nouvelle surabondance de fidélité et d'amour.

Accourez donc tous en ce moment, et réunissez-vous autour de ce tombeau, ô vous que la douleur et la piété ont appelé à cette triste cérémonie. Hélas! il va disparoître

paroître à vos yeux, il va descendre dans ces demeures silencieuses, où nos Rois, pour nous servir des expressions de Job, *avoient édifié leurs solitudes* (1), et dont ils ne devoient pas même avoir la triste gloire de jouir. Venez vous enfoncer dans ces royales catacombes où la mort seule règne. Vous n'y trouverez plus tous ces magnifiques cercueils qu'elle avoit entassés, comme pour orner son triomphe; ni tous ces *ossemens humiliés* (2) qui hier étoient des Rois; ni ces trente générations de Princes et de Monarques qui dormoient dans la tombe : Louis est resté seul de tous ces Rois fameux, l'orgueil de notre France, dont il va aujourd'hui recommencer la succession. Ni les noms glorieux de vaillans, de pieux et de sages; ni ceux de Père du peuple, de Père des lettres, de Juste, de Grand, de Bien-aimé, n'ont pu les défendre des outrages

(1) Job. III, 14.

(2) Ps. L, 10.

de l'impiété, qui, plus cruelle et plus vorace encore que la mort, a dispersé jusqu'à leurs cendres, et dévoré jusqu'à leurs sépulcres : tant Dieu se plaît à abaisser toute grandeur qui n'est point à lui, et toute gloire qui n'est pas la sienne! tant il aime à prouver, par tous ces grands trophées de la mort, qu'il n'y a rien de stable que son trône, rien d'éternel que ses années!

Mais, après avoir rendu tout ce que nous devions à la sainte et douloureuse mémoire du Monarque que nous pleurons, ne nous acquitterons-nous pas, dans ce jour solennel, de ce que nous devons à l'héritier de ses vertus encore plus que de ses droits; à celui qui semble agrandir l'amour qu'il a pour nous, de tout celui qu'il eut pour son tendre et malheureux frère, et de tous les regrets que lui cause une mort qu'il pleure chaque jour. Oui, il règne sur nous ce noble confident de ses pensées royales, ce légataire glorieux de tous ses bienfaisans desseins, ce magnanime exécuteur de ce Testament immortel, inépuisable source d'admiration et de regrets, et le plus beau chef-d'œuvre qui soit jamais sorti du cœur d'un Roi, qui soit jamais sorti du cœur d'un père; et si l'ordre se rétablit avec tant de promptitude, si tant d'injustices se réparent, et si tant de blessures se ferment à la fois, c'est qu'il vit sous les yeux de ce frère qui est toujours vivant pour lui, et qu'il sent le premier tout le prix qu'il nous a coûté. Il règne; et autour de lui, nous voyons d'un côté ce Prince aimable autant que vertueux, idole de nos cœurs, pieux, chrétien et loyal chevalier, et dont les enfans font la gloire et le bonheur, comme ils sont notre douce et notre plus chère espérance : et de l'autre, cet ange de la France, que son absence même semble nous rendre encore plus présente, cette auguste prisonnière du Temple, qui partagea les chaînes de son père, qui reçut ses derniers adieux et ses derniers embrassemens ; toute parée de sa ressemblance, de ses vertus et de ses malheurs, toute sanctifiée de ses bénédictions dernières, qu'elle nous envoie, en ce jour, pour nous les faire partager avec elle. Puissent-elles descendre sur nous, comme une rosée céleste, sur ce royaume ressuscité, sur cette nation repentante ; et principalement sur sa royale postérité, afin que toujours chérie, toujours heureuse, toujours victorieuse et toujours couronnée par l'amour des François dans le temps, elle le soit aussi par les mains de Dieu même dans l'éternité : *et in perpetuum coronata triumphat* (1).

(1) Sag. IV, 2.

FIN.

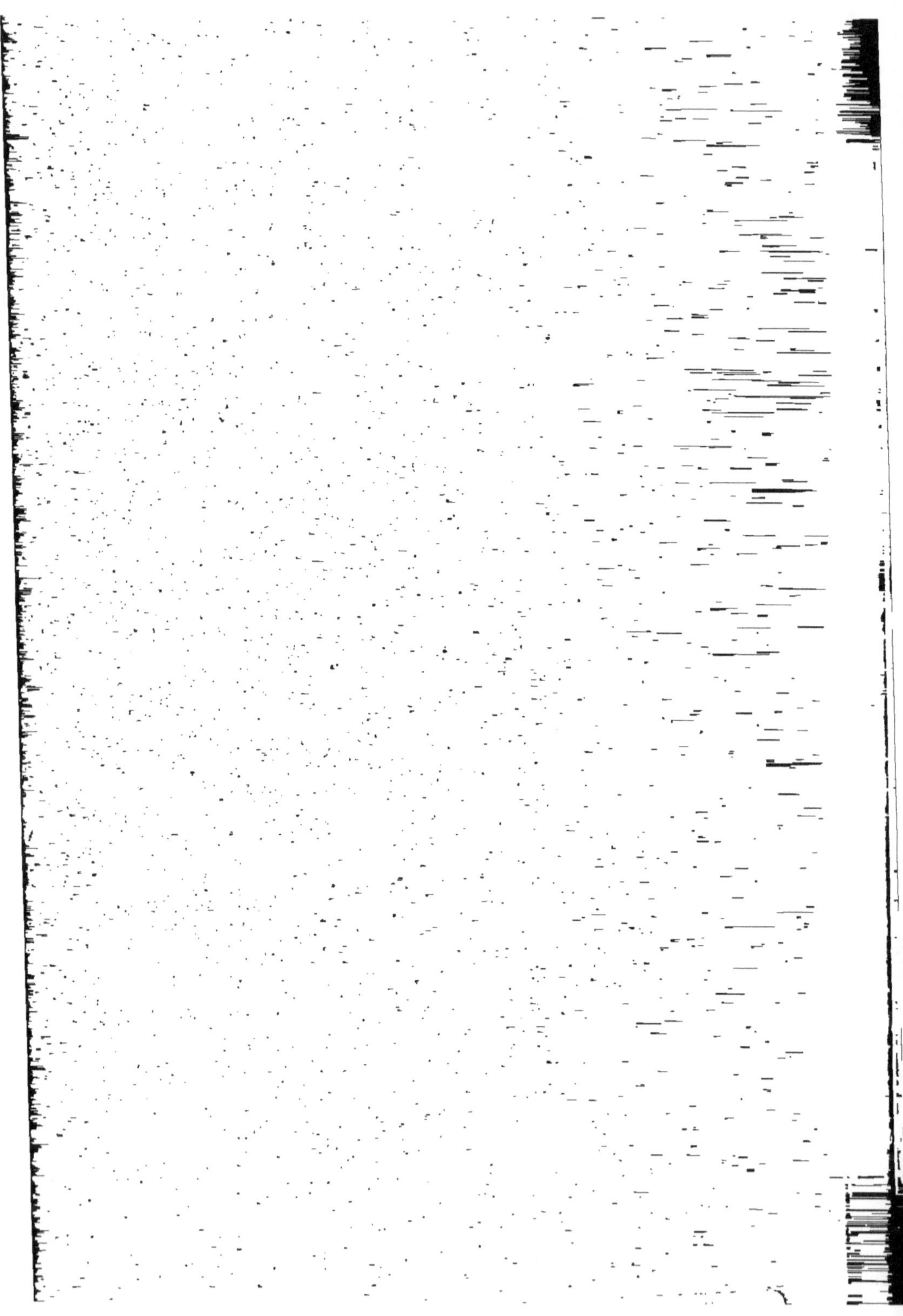

www.ingramcontent.com/pod-product-compliance
Lightning Source LLC
LaVergne TN
LVHW020411230826
846091LV00004B/1241

9782013258142